MW01243920

CÓMO PODEMOS
LEER
LAS
ESCRITURAS
CON MAYOR
PROVECHO
ESPIRITUAL

THOMAS WATSON

Cómo podemos leer las Escrituras con mayor provecho espiritual

Escrito por Thomas Watson

Copyright © 2022 Publicaciones Gracia Sobre Gracia
Todos los derechos reservados.

Traducción: Ricardo Daglio
Edición: Rudy Ordóñez
Lectura final: Nedelka Medina
Portada y diagramación: David Studios Co.

Primera publicación 2000
Primera edición 2022 Publicación Gracia sobre Gracia

Ninguna parte de esta publicación puede ser reproducida ni distribuida de manera alguna ni por ningún medio electrónico o mecánico, incluidos el fotocopiado, la grabación y cualquier otro sistema de archivo y recuperación de datos, sin el consentimiento escrito de Publicaciones Gracia Sobre Gracia.

Publicaciones Gracia Sobre Gracia
San Antonio, Texas
210.802.1865
publicacionesgraciasobregracia@gmail.com

Thomas Watson (1620-1686) nació en Yorkshire, Inglaterra, y fue educado en el Emmanuel College. En 1651, fue encarcelado en la Torre de Londres como sospechoso de ser monárquico[1]. Ejerció como ministro en St. Stephen's, Walbrook, Londres, pero fue expulsado por inconformista en 1662[2]. Luego, como ministro de la congregación de Great Hall en Crosby House, trabajó junto a Stephen Charnock. Watson murió mientras estaba orando en Barnston, Essex, en 1686.

Thomas Watson estaba convencido de que los cristianos debían esforzarse en sacar provecho de la Palabra. Él decía: «¿Para qué otra cosa se escribió la Escritura sino para que sea de provecho para nosotros? Dios no nos dio Su Palabra sólo como un paisaje que debe ser apreciado, sino que pretendía que engancháramos el arado a la mula y recibiéramos el fruto de ella».

De todos los medios que el Señor ha puesto a disposición de Sus hijos para preservar sus almas y enardecer sus corazones, no hay ninguno más fundamental que la lectura de las Escrituras. En *Cómo podemos leer las Escrituras con el mayor provecho espiritual*, Thomas Watson nos anima a tomar la Biblia y leerla debidamente y de esta manera informar correctamente nuestra mente, nuestro corazón y las suposiciones con las que nos acercamos a la Palabra de Dios.

Este pequeño libro es teológico, devocional y práctico. Es lo suficientemente sencillo como para que lo pueda comprender un niño y es tan útil que le servirá hasta llegar a la tumba. Es igualmente beneficioso para la lectura individual, las devociones familiares y el estudio en grupos pequeños.

En la actual versión de este pequeño y útil libro de Watson

---

1 Se le acusaba de querer reestablecer en el trono a Carlos II de Inglaterra.

2 A los ministros que no se sometieron al Acto de Uniformidad emitido después de que Carlos II tomó el trono, se les expulsó de sus oficios ministeriales.

sobre la actitud del creyente ante la Palabra de Dios, editado en inglés por Ryan Bush y ahora presentado en español, ha sido editado con moderación y cuidado para que los lectores puedan entender todo lo que Watson pretendía y al mismo tiempo escuchar su voz con claridad.

«La tendrá consigo y la leerá todos los días de su vida, para que aprenda a temer al SEÑOR su Dios, observando cuidadosamente todas las palabras de esta ley y estos estatutos [para ponerlos por obra (RV60)]» Deuteronomio 17:19.

En este capítulo de Deuteronomio, Dios instruyó a los judíos acerca de la instalación de un rey sobre ellos. Observamos que hay dos cosas que Él especificó: su elección y su religión.

En primer lugar, su elección se describe en el versículo 15: «Ciertamente pondrás sobre ti al rey que el Señor tu Dios escoja, a uno de entre tus hermanos pondrás por rey sobre ti; no pondrás sobre ti a un extranjero que no sea hermano tuyo». Hay una buena razón por la que Dios debe elegir al rey, ya que por Él reinan los reyes (Pr. 8:15).

En segundo lugar, su religión se describe en el versículo 18: «Y sucederá que cuando él se siente sobre el trono de su reino, escribirá para sí una copia de esta ley en un libro, en presencia de los sacerdotes levitas».

Este sería un excelente comienzo del reinado de un rey. Lo primero que haría después de sentarse en el trono sería copiar la Palabra de Dios en un libro. Además, este texto que escribió a mano, «[Lo] tendrá consigo y la leerá todos los días de su vida, para que aprenda a temer al Señor su Dios, observando cuidadosamente todas las palabras de esta ley y estos estatutos».

«[Lo] tendrá consigo». El Libro de la Ley será su compañero diario. En efecto, la Biblia es el mejor apoyo de cualquier gobierno. «Y la leerá todos los días». No disminuye en nada la majestad de un rey si este examina cuidadosamente las Escrituras; pues en ellas se encuentra la sabiduría y la verdad. Proverbios 8:6 dice: «Escuchad, porque hablaré cosas excelentes, y con el abrir de mis labios rectitud». En la Septuaginta, se traduce como «cosas importantes», en el hebreo, «cosas principescas». Estas son las cosas apropiadas para que las hable Dios y las lea un rey.

Sin embargo, el rey no sólo debía leer el Libro de la Ley en su instalación al frente de su reino, sino que lo «leerá todos los días de su vida». No debe dejar de leer sino hasta que haya dejado de reinar. Y las razones por las que debe conocer bien la Ley de Dios se encuentran en lo siguiente:

1. Para que «aprenda a temer al SEÑOR su Dios». La lectura de la Palabra es el mejor medio para inculcar el temor del Señor.

2. Para que guarde «todas las palabras de esta ley y estos estatutos, [para ponerlos por obra (RV60)]».

3. Para que «permanezca mucho tiempo en su reino».

Examinemos ahora cuidadosamente las palabras: «leerá en ella todos los días de su vida».

La Sagrada Escritura es un gran tesoro que nos ha sido enviado por Dios. Debemos leerla con diligencia. La ignorancia de la Escritura es la madre del error, no de la devoción. Mateo 22:29 dice: «Estáis equivocados por no comprender las Escrituras ni el poder de Dios».

Se nos ordena escudriñar las Escrituras (Jn. 5:39). La palabra griega para «escudriñar» significa buscar como si se tratara de una veta de plata en una mina. Con cuánta diligencia un niño lee el testamento de su padre. ¡Con qué cuidado examina un ciudadano su constitución! Con similar diligencia y cuidado deberíamos leer la Palabra de Dios, que es nuestro documento fundacional para el cielo. Es una misericordia que la Biblia no esté prohibida.

Apolos era «poderoso en las Escrituras» (Hch. 18:24). Cecilia, la creyente romana, leía la Biblia con tanta frecuencia que hizo de su corazón la biblioteca de Cristo.

Si las Escrituras estuvieran limitadas a las lenguas originales en los idiomas griego y hebreo, muchos se excusarían por no leer. Pero cuando la espada del Espíritu está desenvainada, y la Palabra se nos hace clara al ser traducida a nuestro dialecto, ¿qué debería impedirnos de una búsqueda diligente de estos santos misterios?

A Adán se le prohibió probar el árbol del conocimiento bajo pena de muerte (Gn. 2:17). Pero no hay peligro de tocar este árbol de la Sagrada Escritura. De hecho, si no comemos de este árbol del conocimiento, moriremos sin duda alguna. ¿Qué será de aquellos que son ajenos a las Escrituras? Oseas 8:12 (RV60) dice: «Le escribí las grandezas de mi ley, y fueron tenidas por cosa extraña».

Muchos dejan de lado las Escrituras como si fuera una armadura oxidada. Los que desprecian la Palabra escrita, desprecian a Dios mismo, de quien lleva Su sello. Menospreciar el edicto del rey es una afrenta y una ofensa al mismo rey. Los que rechazan y denigran las Escrituras se encuentran en estado de condenación. Proverbios 13:13 dice: «El que menosprecia el precepto perecerá por ello».

Sin embargo, no basta con leer la Palabra de Dios, sino que debemos esforzarnos por obtener algún provecho espiritual de ella, para que nuestras almas se alimenten y se fortalezcan en las palabras de fe. ¿Para qué otra cosa se escribió la Escritura sino para que nos sirva de provecho? Dios no nos dio Su Palabra sólo como un paisaje para contemplar, sino que pretendía que acopláramos el arado a la mula y recibiéramos su fruto.

Es triste no sacar provecho de la Palabra; ser como un cuerpo plagado de enfermedades que no prospera. Ningún hombre hace negocios y está feliz cuando no obtiene beneficios de sus negociaciones. Esta es la gran cuestión a la que voy a referirme: ¿Cómo podemos leer la Escrituras con el mayor provecho espiritual? Para responder a esta pregunta, estableceré varias reglas o indicaciones sobre la lectura de las Escrituras.

REGLAS PARA APROVECHAR LA LECTURA DE LAS ESCRITURAS

I. ELIMINA LOS OBSTÁCULOS

Si deseas sacar provecho de la lectura de las Escrituras, entonces debes eliminar aquellas cosas que te impiden hacerlo. Si el cuerpo va a prosperar, entonces los obstáculos deben ser removidos.

Hay tres obstáculos que deben ser removidos si deseas beneficiarte de las Escrituras.

Primero, elimina el amor de todo pecado. No importa que un médico prescriba excelentes medicinas si el paciente toma también veneno. La Escritura prescribe excelentes curas, pero el que vive en el pecado lo envenena todo. El cuerpo no puede prosperar en la fiebre, ni el alma puede prosperar bajo el calor febril de las iniquidades. Así como la rosa es destruida por la enfermedad que la invade, las almas de los hombres son destruidas por los pecados en los que se complacen.

Segundo, ten cuidado con esas espinas que ahogarán la Palabra una vez que la hayas leído. Nuestro Salvador explica que estos espinos son las preocupaciones de este mundo (Mt. 13:22). Por «preocupaciones» Jesús quiso decir «codicia». Un hombre codicioso está tan consumido por el empleo secular que apenas puede encontrar tiempo para leer la Palabra. Y, si lee, no la comprende porque está preocupado por los afanes terrenales. Mientras su ojo está en la Biblia, su corazón está en el mundo. No es la escritura de los apóstoles lo que le interesa, sino lo que está escrito en sus libros de cuentas. ¿Es probable que este hombre se beneficie de la lectura de las Escrituras?

Tercero, ten cuidado con tratar la Escritura de forma descuidada o jocosa. Tratar con la Palabra de Dios de esta manera es jugar con fuego. Algunos tienen el hábito de usar las Escrituras como si fuera un entretenimiento. Se burlan de Dios acudiendo a Su palabra solo para encontrar algo en ella que los distraiga y los entretenga. En el temor de Dios, ten cuidado con esto. El Señor puede, con toda justicia, entregar a tales personas a una mente depravada (Ro. 1:28).

II. PREPARA TU CORAZÓN.

Si quieres aprovechar la lectura de las Escrituras, prepara tu corazón. El corazón es un instrumento que necesita ser afinado. «Dirige tu corazón al Señor» (1 Sam. 7:3). Esta preparación para la lectura consiste en dos cosas:

En primer lugar, concentrar tus pensamientos para atender a esa obra solemne hacia la que te diriges. Los pensamientos son como los rezagados, por lo tanto, reúnelos, asegúrate de tener todos tus pensamientos enfocados.

En segundo lugar, purga los afectos impuros que te impiden leer. Antes de que puedas llegar al agua de la vida, desecha el veneno de los afectos impuros. Muchos se acercan precipitadamente a la lectura de la palabra sin la preparación adecuada, y se van de ella sin aprovechamiento.

III. LEE CON REVERENCIA.

Lee las Escrituras con reverencia. Con cada línea que leas, recuerda que Dios está hablando. El arca del pacto, donde se ponía la ley, estaba recubierta de oro y se llevaba sobre barras para que los levitas no la tocaran (Éx. 25). Esto era así para fomentar en el pueblo la reverencia por la Ley de Dios. La Palabra escrita es un mensaje del único Dios vivo y verdadero. ¿No deberíamos recibirla con reverencia y respeto?

IV. LEE EN ORDEN.

Lee los libros de la Escritura de forma ordenada. Aunque las circunstancias pueden alterar nuestro método, lo mejor es observar un orden en la lectura para mantener un curso constante. El orden es una ayuda para la memoria. No empezamos a leer la carta de un amigo por la mitad.

V. OBTÉN ENTENDIMIENTO.

Obtén un entendimiento correcto de las Escrituras. El Salmo 119:73 dice: «Dame entendimiento para que aprenda Tus mandamientos». Aunque hay algunos nudos en las Escrituras que no son fáciles de desatar, las cosas que son esenciales para la salvación nos han sido señaladas claramente por el Espíritu Santo. El conocimiento del significado de las Escrituras es el primer paso para el beneficio.

En la Ley, Aarón debía encender primero las lámparas y luego quemar el incienso. La lámpara del entendimiento debe ser encendida primero antes de que los afectos puedan ser inflamados. Obtén el conocimiento que puedas comparando las Escrituras, consultando con otros y utilizando los mejores comentaristas. Sin conocimiento, la Escritura es un libro sellado. Cada línea es demasiado elevada para nosotros; y si la Palabra es disparada por encima de nuestra cabeza, nunca podrá alcanzar nuestro corazón.

VI. LEE CON SERIEDAD.

Lee la Palabra con seriedad. Si repasas las Escrituras con prisa y poca atención a los detalles, entonces obtendrás muy poco bien de ella. Pero, si eres serio en tu lectura de la Biblia, ésta se convertirá en la agradable fragancia de tu vida. Recuerda la importancia de las verdades sagradas contenidas en este volumen sagrado y entonces seguramente tendrás seriedad al leerla.

Si se abriera una carta y se leyera, en la que toda la vida y el futuro de un hombre estuviera descrita, éste la leería con mucha seriedad. En la Escritura se describe nuestra salvación eterna. Se habla del amor de Cristo, un tema realmente serio. Cristo ha amado a la humanidad más que a los ángeles que cayeron (Heb. 2:7). Un imán, indiferente al oro y a la perla, atrae el hierro hacia él; de la misma forma, Cristo pasó por encima a los ángeles, que eran de origen más noble, y atrajo a la humanidad hacia sí. Cristo nos amó más que a Su propia vida. Cristo nos amó aunque nosotros tuvimos que ver con Su muerte. A pesar de ello, no nos dejó fuera de Su voluntad. Este es un amor que sobrepasa el entendimiento; ¿quién podría leer este Libro y hacerlo sin seriedad?

La Escritura habla del misterio de la fe, de la recompensa eterna y de los pocos que se salvarán. Hay pocos nombres en el Libro de la Vida (Mt. 20:16). La Escritura habla de luchar por el cielo como agonizando (Lc. 23:24). Nos advierte de que estamos lejos del descanso prometido (Heb. 9:1). Describe los horrores de los tormentos infernales, el gusano y el fuego (Mr. 9:44). ¿Quién puede leer este Libro y no mostrarse serio? Algunas personas son tan superficiales y poco profundas que pasan por encima de las verdades más importantes de manera precipitada, y no se benefician de la lectura de la Palabra. Lee con espíritu solemne y sereno.

La seriedad es el contrapeso del cristiano, que le impide volcarse a la vanidad.

VII. TRABAJA PARA RECORDAR.

Trabaja para recordar lo que lees. Satanás quiere robar la Palabra de nuestras mentes para que no podamos hacer uso de ella. La memoria debe ser como el cofre en el arca, donde ésta fue colocada. El Salmo 119:52 dice: «Me acuerdo de Tus ordenanzas antiguas». Pablo nos pide que «la Palabra habite en [nosotros]» (Col. 3:16). La Palabra es una joya; adorna al hombre interior, ¿y no no habremos de recordarla? Si la Palabra no permanece en la memoria, no puede haber provecho. Algunos pueden recordar mejor una noticia que una línea de la Escritura. Sus memorias son como esos estanques donde las ranas viven, pero los peces mueren.

VIII. MEDITA.

Medita sobre lo que lees. El Salmo 119:15 dice: «Meditaré en Tus preceptos». La palabra hebrea meditar significa tener una mente intensa. En la meditación, debe haber una fijación de los pensamientos en el objeto. Lucas 2:19 dice: «María atesoraba todas estas cosas, reflexionando sobre ellas en su corazón». La lectura trae una verdad a nuestra cabeza, la meditación la trae a nuestro corazón. La lectura y la meditación deben figurar juntas. La meditación sin la lectura es errónea; la lectura sin la meditación es estéril. La abeja chupa la flor y luego la trabaja en la colmena y así la convierte en miel. Al leer chupamos la flor de la Palabra, al meditar la trabajamos en la colmena de nuestra mente, y así se convierte en beneficio. La meditación es el fuelle del afecto. La razón por la que salimos tan fríos de la lectura de la Palabra es porque no nos calentamos en el fuego de la meditación.

IX. ACUDE CON HUMILDAD.

Acude a la lectura de la Escritura con un corazón humilde. Reconoce lo indigno que eres de que Dios se te revele en Su Palabra. Los secretos de Dios son para los humildes. El orgullo es un enemigo de la lectura de la Escritura. Se ha dicho que la tierra sobre la que se sienta el pavo real es estéril. El corazón donde se asienta el orgullo es ciertamente estéril. Una persona arrogante desprecia los consejos de la Palabra y odia las reprimendas. ¿Es probable que esta persona obtenga algún provecho? Santiago 4:6 dice que Dios: «Da gracia a los humildes». Los santos más eminentes han sido de baja estatura a sus propios ojos.

X. DA CREDIBILIDAD A LA PALABRA.

Da crédito a la Palabra escrita. Cree que es de Dios. Observa el nombre de Dios en cada línea. Cree que las Escrituras son de inspiración divina. 2 Timoteo 3:16 dice: «Toda la Escritura es inspirada por Dios». ¿Quién sino Dios podría revelar las grandes doctrinas de la Trinidad, la expiación por medio de Jesucristo a favor de los pecadores y la resurrección? ¿De dónde provienen las Escrituras si no es de Dios?

En primer lugar, los pecadores no podrían ser los autores de las Escrituras. Sería imposible que inventaran esas líneas sagradas, o hablaran contra los pecados que aman con tanta hostilidad.

En segundo lugar, los santos no podrían ser los autores de las Escrituras porque eso no encajaría con su pecaminosidad en falsificar el nombre de Dios y escribir «así dice el Señor» en un libro de su propia invención.

En tercer lugar, los ángeles no podrían ser los autores de las Escrituras. ¿Qué ángel del cielo se atrevería a hacerse pasar por Dios y decir: «Yo soy el Señor»?

Cree que el origen de la Escritura es sagrado y que procede

del Padre de las luces. La antigüedad de la Escritura habla de su divinidad. Ningún registro de la historia existente llega más lejos que el diluvio de Noé, pero las Escrituras hablan de cosas anteriores al tiempo. La majestuosidad, la profundidad, la pureza y la armonía de las Escrituras demuestran que este Libro no podía ser soplado o inspirado, sino por Dios mismo.

Añade a esto la eficacia que la Palabra escrita tiene sobre las conciencias de los hombres. A través de la lectura de la Escritura se han convertido en otros hombres. Si se pusiera un sello en un trozo de mármol y éste dejara una huella, dirías que existe una extraña virtud en ese sello. Del mismo modo, cuando la Palabra escrita deja una huella celestial de gracia en el corazón, demuestra que es de autoridad divina.

Si quieres aprovechar la Palabra, debes creer que es de Dios. Algunos escépticos cuestionan la veracidad de la Escritura. La incredulidad agota la virtud de la Palabra y la hace improductiva. ¿Quién obedecerá una verdad que no cree? Hebreos 4:2 dice: «Pero la palabra que ellos oyeron no les aprovechó por no ir acompañada por la fe en los que la oyeron».

XI. VALORA GRANDEMENTE LAS ESCRITURAS.

Valora mucho las Escrituras. El Salmo 119:72 dice: «Mejor es para mí la ley de Tu boca que millares de piezas de oro y de plata». ¿Puede alguna persona llegar a ser competente en algún oficio o habilidad si tiene una baja opinión de ese trabajo? Valora este Libro de Dios por encima de todos los demás libros. Algunos han dicho que la Biblia es el corazón y el alma de Dios. El Salmo 19:7 dice: «La ley del Señor es perfecta». La Escritura es la biblioteca del Espíritu Santo. Es un código de conocimiento divino y un modelo exacto de la verdadera religión. La Escritura contiene las cosas que debemos creer y las que debemos practicar. Es capaz de hacernos sabios para la salvación. La Escritura es la norma de la verdad y el juez de la controversia. Es la estrella del norte para dirigirnos al cielo. La Escritura es la brújula por la que ha de guiarse el timón de nuestra voluntad. Es el campo en el que se esconde Cristo, la perla de gran precio. Es un telescopio que hace resplandecer la gloria de Dios. Es la medicina universal para el alma. Las páginas de la Escritura son como «las hojas del árbol [que] eran para sanidad de las naciones» (Ap. 22:2). La Escritura es a la misma vez criadora y alimentadora de la gracia.

¿Cómo nace el que se convierte sino por «la Palabra de verdad» (Stg. 1:18)? ¿Cómo crece sino por «la leche pura de la Palabra» (1 Pe. 2:2)? La Palabra escrita es el Libro del que se extraen nuestras pruebas para el cielo. Es la marca del mar que nos muestra las rocas del pecado. Es el antídoto contra el error y la apostasía. Es la espada de dos filos que hiere a la serpiente antigua. Es nuestro baluarte para resistir la fuerza de la lujuria y la tentación. La Escritura es la torre de David, de la que penden los escudos de nuestra fe. Martín Lutero dijo: «Quitad la Palabra, y nos privaréis del sol». La Palabra escrita está por encima de una embajada de ángeles, o de una voz del cielo (2 Pe. 1:18). Job dijo: «He atesorado las palabras de Su boca más que mi comida» (Job 23:12).

XII. AMA ARDIENTEMENTE LA PALABRA.

Desarrolla un amor ardiente por la Palabra. Apreciar la Palabra está relacionado con nuestro juicio. Amar la Palabra está relacionado con nuestros afectos. El Salmo 119:159 dice: «Mira cuánto amo Tus preceptos». El que se deleita en su oficio es quien va a prosperar en él. El que se deleita en el aprendizaje se convertirá en un erudito. Los que no se deleitaban en las Escrituras antes de su conversión, posteriormente sí se deleitan en ellas. David dijo que la Palabra era más dulce que la miel que destila del panal. Tomás de Kempis solía decir que no encontraba contentamiento sino en un rincón con el Libro de Dios en la mano.

¡Qué infinito placer deberíamos sentir al leer el Libro de la Vida! Hay suficiente en la Palabra como para producir un santo deleite. Es una muestra y una demostración del santo amor de Dios hacia nosotros. El Espíritu es la muestra de amor por parte de Dios; la Palabra es Su carta de amor. ¡Cómo se alegra uno al leer una carta de un querido amigo!

La Palabra escrita es un tesoro o depósito divino. En ella hay verdades esparcidas como perlas para adornar el hombre interior del corazón. La Palabra escrita es el verdadero maná, que tiene toda clase de dulce sabor en ella. Es una medicina soberana. Les da vino a los que tienen el corazón pesado. La Biblia abierta es una cura soberana para los que quieren beber de ella. David bebió de esta cura: «Este es mi consuelo en la aflicción: que Tu palabra me ha vivificado» (Sal. 119:50). Crisóstomo compara la Escritura con un jardín; cada línea en ella es una flor fragante, que debemos prender no en nuestro bolsillo, sino en nuestro corazón.

El deleite en la Palabra causa provecho, y no sólo debemos amar los consuelos que ofrece la Palabra, sino también sus reprimendas. La mirra es amarga para el paladar, pero es buena para el estómago.

XIII. ACUDE CON HONESTIDAD.

Acude a la lectura de la Palabra con un corazón honesto. Cristo habla del «corazón recto» (Lc. 8:15). ¿Qué significa leer la Palabra con un corazón honesto? En primer lugar, significa acudir con un corazón dispuesto a conocer todo el consejo de Dios. Un buen corazón no tendría ninguna verdad oculta, sino que dirá con Job: «enséñame lo que no veo». Cuando los hombres escogen deliberadamente y hacen selecciones en la religión, harán algunas cosas que la Palabra instruye, pero otras no las harán. Estos son corazones enfermos, y no se benefician por la santa Palabra. Son como un paciente al que se le prescribe una píldora amarga y un jarabe dulce para ayudar a que baje la píldora, y él se toma el jarabe, pero rechaza la píldora.

En segundo lugar, leer la Palabra con un corazón honesto es leer para poder ser mejor a través de ella. La Palabra es el medio y el método de santificación, y acudimos a ella no sólo para iluminarnos, sino también para consagrarnos. Juan 17:17 dice: «Santifícalos en la verdad; Tu palabra es verdad». Algunos acuden a la Biblia como cuando uno va al jardín a recoger flores. Es como una mujer que se maquilla, pero descuida su salud. Tener un corazón honesto al leer las Escrituras significa que acudimos a ellas como Naamán acudió a las aguas del Jordán, para ser curados de nuestra lepra. «Oh»—dice el alma—«que la espada del espíritu atraviese la roca de mi corazón; que esta bendita Palabra tenga tal virtud para matar y hacer fructificar, que le dé muerte a mi pecado y me haga fructificar en gracia» (Núm. 5:27).

XIV. APLICA LA ESCRITURA.

Aprende a aplicar la Escritura; toma cada palabra como si fuera dirigida hacia ti. Cuando la Palabra truena contra el pecado, piensa así: Dios se refiere a mis pecados; Dios me pretende a mí. Muchos alejan la Escritura de sí mismos, como si sólo se refiriera a los que vivían en la época en que fue escrita; pero si pretendes beneficiarte de la Palabra, llévatela a casa. Una medicina no hará ningún bien si no se aplica. Los santos de la antigüedad tomaron la Palabra como si se les hubiera hablado por su nombre. Cuando el rey Josías escuchó la amenaza que estaba escrita en el libro de Dios, la aplicó a sí mismo; «rasgó sus vestidos y humilló su alma ante el Señor» (2 Re. 22:11).

XV. OBSERVA LOS PRECEPTOS Y LAS PROMESAS.

Observa tanto los preceptos de la Palabra, como las promesas que en ella se encuentran. Los preceptos conllevan en sí mismos el deber, así como las venas llevan la sangre. Las promesas contienen consuelo, así como las arterias transportan vigor. Utiliza los preceptos como dirección; y las promesas para consolarte. Los que sólo se fijan en la promesa, descuidando el mandamiento, no son edificados por la Escritura; buscan más el consuelo que el deber. Ten cuidado, porque un hombre puede estar lleno de falso consuelo, y al mismo tiempo de aquél que es genuino y real.

XVI. REFLEXIONA SOBRE LOS PASAJES MÁS IMPORTANTES.

Permite que tus pensamientos se concentren en los pasajes más importantes de la Escritura. La abeja se aferra a las flores donde puede aspirar la mayor dulzura. Aunque todo el consejo de la Escritura es excelente, algunas partes merecen un mayor énfasis porque son más nutritivas y penetrantes. Leer los nombres de las tribus o las genealogías de los patriarcas no tiene la misma importancia que el tema de la fe y lo que tiene que ver con una nueva criatura. Presta especial atención a las «grandezas de Mi Ley» (Os. 8:12 RV60). Los que leen sólo para satisfacer su curiosidad, pueden obtener conocimiento, pero no mucho provecho. Buscar demasiado en el reino temporal de Cristo, a menudo debilita el reino espiritual de Cristo en los corazones de algunos hombres.

XVII. COMPÁRATE A TI MISMO CON LA PALABRA.

Compárate con la Palabra. Mira si la Escritura y tu corazón están de acuerdo. ¿Coincide tu vida con la Escritura como el movimiento de una sombra coincide con el sol? ¿Es tu corazón como una transcripción y una contraparte de la Escritura? ¿Está la Palabra copiada en tu corazón?

Por ejemplo, la Palabra llama a la humildad; ¿eres humilde? La Palabra llama a la regeneración (Jn. 3:7), ¿has tenido un cambio de corazón? ¿No sólo un cambio moral y parcial, sino también espiritual? ¿Hay tal cambio en ti como si tuvieras un alma nueva? 1 Corintios 6:11 dice: «Y esto erais algunos de vosotros; pero fuisteis lavados, pero fuisteis santificados». La Palabra llama a amar a los santos (1 Pe. 1:22). ¿Amas la gracia donde la ves? ¿Amas la gracia tanto en un pobre como en un rico? Un hijo ama ver el cuadro de su padre, aunque esté colgado en un marco feo. ¿Amas la gracia, aunque esté mezclada con algunos defectos, como amamos el oro aunque esté aún en el mineral?

Es un ejercicio de gran ventaja para nosotros juntar la regla de la Palabra y nuestros corazones para ver cómo concuerdan. Cuando hacemos esto, llegamos a conocer el verdadero estado de nuestras almas, y vemos qué evidencias y certificados tenemos para el cielo.

XVIII. OBSERVA ESPECIALMENTE LOS PASAJES APLICABLES.

Presta especial atención a las Escrituras que se refieren a su contexto particular. Hay que prestar mucha atención a los párrafos de las Escrituras que son más aplicables a nuestro caso presente. Voy a señalar tres casos en particular: la aflicción, la deserción y el pecado.

Primero, consideremos el caso de la aflicción. ¿Ha hecho Dios pesada tu cadena? Consulta estas Escrituras.

- «Es para vuestra corrección que sufrís; Dios os trata como a hijos; porque ¿qué hijo hay a quien su padre no discipline?» (Heb. 12:7).

- «Así pues, con esto la iniquidad de Jacob será perdonada, y este será todo el fruto del perdón de su pecado: cuando haga todas las piedras del altar como piedras de cal pulverizadas; cuando no estén en pie las Aseras y los altares de incienso» (Is. 27:9).

- «En verdad, en verdad os digo que lloraréis y os lamentaréis, pero el mundo se alegrará; estaréis tristes, pero vuestra tristeza se convertirá en alegría» (Jn. 16:20).

- «Pues esta aflicción leve y pasajera nos produce un eterno peso de gloria que sobrepasa toda comparación» (2 Co. 4:17).

Así como el pintor aplica primero los colores más oscuros para que el oro se vea más brillante, así Dios pone primero el color oscuro de la aflicción, y luego el color dorado de la gloria.

En segundo lugar, consideremos la deserción. ¿Se han eclipsado tus comodidades espirituales? Observa lo que dice Isaías 54:8: «He aquí, ayunáis para contiendas y riñas, y para herir con un puño malvado. No ayunéis como hoy, para que se oiga en lo alto vuestra voz». El sol puede ocultarse en una nube, pero no está fuera del firmamento; Dios puede ocultar Su rostro, pero no está fuera del pacto. Isaías 57:16: «Porque no contenderé para siempre, ni estaré siempre enojado, pues el espíritu desfallecería ante Mí, y el aliento de los que yo he creado». Dios es como el músico; no estirará demasiado las cuerdas de Su laúd para que no se rompan. Salmo 97:11: «Luz se ha sembrado para el justo, y alegría para los rectos de corazón». El consuelo de un santo puede esconderse como una semilla bajo los terrones, pero al final brotará en una cosecha de alegría.

Por último, consideremos el pecado. ¿Te sientes atraído por la lujuria? Lee Gálatas 5:24; Santiago 1:15. También observa lo que dice 1 Pedro 2:11: «que os abstengáis de las pasiones carnales que combaten contra el alma». La lujuria mata cuando se la abraza. Proverbios 7:10, 22, 23. Se nos dice en Proverbios 22:14: «Fosa profunda es la boca de las mujeres extrañas; el que es maldito del Señor caerá en ella».

¿Te encuentras bajo el poder de la incredulidad? Lee Isaías 26:3: «Al de firme propósito guardarás en perfecta paz, Porque en Ti confía». Y Juan 3:15: «Para que todo aquel que cree, tenga en Él vida eterna». La incredulidad es un pecado que ofende a Dios. 1 Juan 5:10 dice: «El que no cree a Dios, ha hecho a Dios mentiroso». Es un pecado que mata el alma. Juan 3:36: «El que no obedece al Hijo no verá la vida, sino que la ira de Dios permanece sobre él».

Por lo tanto, cuando leas, observa las Escrituras que tocan tu caso particular. Aunque toda la Biblia debe ser leída, sin embargo, a aquellos textos que apuntan más directamente a tu condición, asegúrate de colocarles una marca especial.

XIX. OBSERVA LOS EJEMPLOS DE LAS ESCRITURAS.

Fíjate especialmente en los ejemplos de la Escritura; haz que los ejemplos de esos hombres y mujeres sean sermones vivos para ti.

Primero, observa los ejemplos de los juicios de Dios sobre los pecadores. Han sido colgados con cadenas como un motivo de espanto. ¡Cuán severamente ha castigado Dios a los hombres orgullosos! Nabucodonosor fue convertido en un animal que comía hierba; Herodes fue devorado por los gusanos. ¡Cómo ha llenado Dios de plagas a los idólatras! (Núm. 25:3-4, 9; 1 Re. 14:9-10). ¡Cuán rápido ha sido el testigo contra los mentirosos! (Hch. 5:5, 10). Estos ejemplos se ponen como referentes a evitar (1 Co. 10:11; Jud. 1:7).

En segundo lugar, observa los ejemplos de la misericordia de Dios hacia los santos. Jeremías fue preservado en la mazmorra; los tres muchachos en el horno; Daniel en el foso de los leones. Estos ejemplos son puntales para la fe, estímulos para la santidad.

XX. LEE HASTA QUE TU CORAZÓN ENTRE EN CALOR.

No dejes de leer la Biblia hasta que tu corazón empiece a calentarse. El Salmo 119:93 dice: «Jamás me olvidaré de Tus preceptos, porque por ellos me has vivificado». Lee la Palabra no sólo como historia, sino esfuérzate por ser afectado por ella. Deja que no sólo te informe, sino que te inflame. Jeremías 23:29 dice: «¿No es Mi palabra como fuego —declara el Señor— y como martillo que despedaza la roca?». No te alejes de la Palabra hasta que puedas decir como aquellos discípulos: «Y se dijeron el uno al otro: ¿No ardía nuestro corazón dentro de nosotros mientras nos hablaba en el camino, cuando nos abría las Escrituras?» (Lc. 24:32).

XXI. PRACTICA LO QUE LEES.

Ponte a practicar lo que lees. El Salmo 119:66 dice: «Enséñame buen juicio y conocimiento, pues creo en Tus mandamientos». Un estudiante de ciencias no se conforma con leer una teoría o proposición científica, sino que pone a prueba sus afirmaciones. La savia de la religión está en la parte práctica. Por eso, el texto dice: «La tendrá consigo y la leerá todos los días de su vida, para que aprenda a temer al Señor su Dios, observando cuidadosamente todas las palabras de esta ley y estos estatutos» (Dt. 17:19).

Los cristianos deben ser Biblias andantes. La Palabra escrita no es sólo una regla de conocimiento, sino una regla de obediencia. No sólo sirve para reparar nuestra vista, sino para reparar nuestro caminar. David dice de la Palabra de Dios: «Lámpara es a mis pies Tu palabra» (Sal. 119:105). No sólo era una luz para que sus ojos vieran, sino también para que sus pies caminaran. Mediante la práctica, intercambiamos el talento del conocimiento, y lo convertimos en beneficio. Esta es una bendita lectura de las Escrituras: cuando huimos de los pecados que la Palabra prohíbe y cumplimos los deberes que la Palabra manda. La lectura sin práctica no será más que una antorcha que ilumine a los hombres hacia el infierno.

XXII. HAZ USO DEL OFICIO PROFÉTICO DE CRISTO.

Aprovecha el oficio profético de Cristo. Él es el león de la tribu de Judá, a quien le ha sido dado abrir el Libro de Dios y desatar sus sellos (Ap. 5:5). Así como Cristo vivifica, también enseña (Jn. 8:12). Se dice que la luz y el calor aumentan juntos. Cuando Cristo entra en el alma con Su luz, también va con ella el calor de la vida espiritual. Cristo nos da el sabor de Su Palabra: «¡Cuán dulces son a mi paladar Tus palabras!, más que la miel a mi boca» (Sal. 119:103). Una cosa es leer una promesa y otra saborearla. Los que quieren ser competentes en las Escrituras deben conseguir que Cristo sea su maestro. Lucas 24:45 dice: «Entonces les abrió la mente para que comprendieran las Escrituras». Cristo no sólo abrió las Escrituras, sino que les abrió el entendimiento.

XXIII. TRANSITA A MENUDO POR EL SANTUARIO.

Transita a menudo por el umbral del santuario. Presta mucha atención al fiel ministerio de la Palabra. Proverbios 8:34 dice: «Dichoso el que me escucha, vigilando cada día a mis puertas, esperando junto a ellas». Los ministros son los intérpretes de Dios. Es su trabajo abrir y exponer los lugares oscuros de la Escritura. En el libro de los Jueces, leemos de antorchas dentro de tinajas de barro (Jue. 7:16). Los ministros son tinajas de barro (2 Cor. 4:7). Pero estas vasijas tienen lámparas dentro de ellas, para iluminar las almas en la oscuridad.

XXIV. ORA PARA OBTENER BENEFICIOS.

Ora para que Dios te permita sacar provecho de la lectura de las Escrituras. Isaías 48:17 dice: «Yo Soy el Señor tu Dios, que te enseña para *tu* beneficio». Haz tuya la oración de David: «Abre mis ojos, para que vea las maravillas de Tu ley» (Sal.

119:18). Ruega a Dios que quite el velo de las Escrituras, para que puedas entenderlas. Y ora para que quite el velo de tu corazón para que creas lo que lees. Ora para que Dios no sólo te dé Su Palabra como regla de santidad, sino Su gracia como principio de santidad. Implora al Espíritu de Dios para que te guíe. Nehemías 9:20 dice: «Diste tu buen Espíritu para instruirles». Aunque el barco tiene brújula y equipo para navegar, sin la ráfaga de viento no puede hacerlo. Aunque tenemos la Palabra escrita como nuestra brújula para navegar, a menos que el Espíritu de Dios sople sobre nosotros no podemos leer con provecho.

Uno puede ver las figuras en un cuadrante, pero no puede decir cómo va el día a menos que brille el sol. De la misma manera, podemos leer muchas verdades en la Biblia, pero no podemos conocerlas salvíficamente hasta que el Espíritu de Dios brille en nuestras almas (2 Cor. 4:6). El Espíritu es un Espíritu de sabiduría y revelación (Ef. 1:17). Cuando Felipe subió al carro, entonces el eunuco entendió las Escrituras (Hch. 8:35). Cuando el Espíritu de Dios se une a la Palabra, entonces ésta será eficaz para la salvación.

CONCLUSIÓN

Observadas estas reglas, la Palabra escrita se convertiría, por la bendición de Dios, en una «palabra implantada» (Stgo. 1:21). Un buen brote injertado en un mal tronco cambia su naturaleza y lo hace dar un fruto dulce y generoso. Así, cuando la Palabra es injertada salvíficamente en el corazón de los hombres, los santifica y les hace producir los dulces frutos de la justicia (Fil. 1:11).

Así he respondido a esta pregunta de cómo se puede leer las Escrituras con el mayor provecho espiritual. Permítanme añadir algunas reflexiones finales.

En primer lugar, no se contenten con la mera lectura de las

Escrituras, sino que trabajen para encontrar alguna mejora y beneficio espiritual. Hagan que la Palabra se transcriba en sus corazones. El Salmo 37:31 dice: «La ley de su Dios está en su corazón». Estos son los que se benefician con leer el Libro de Dios y son los mejores cristianos. Ellos obedecen a Dios, buscan a Dios primero, encuentran la salvación para sus almas.

En segundo lugar, ustedes que se han beneficiado de la lectura de las Sagradas Escrituras, adoren la gracia distintiva de Dios. Bendigan a Dios porque no sólo les ha traído la luz, sino que les ha abierto los ojos para verla; que haya desvelado Su tesoro oculto, y los haya enriquecido con un conocimiento salvador. Algunos perecen por no tener la Escritura, y otros por no beneficiarse de ella. Que Dios pasara por alto millones, y que Su amor electivo cayera sobre ustedes; que la Escritura tuviera un lado oscuro para otros, pero un lado luminoso para ustedes; que para otros fuera letra muerta, pero para ustedes el sabor de la vida; que Cristo no sólo se revelara a ustedes, sino en ustedes; —¡cómo deberían estar en un santo éxtasis de asombro, y desear que tuvieran corazones de serafines ardiendo en amor a Dios, y las voces de los ángeles para hacer resonar el cielo con las alabanzas de Dios!

Pero algunos de los piadosos pueden decir que temen no sacar provecho de la Palabra que leen. Como en el cuerpo, cuando hay una debilidad o una enfermedad se usan medicinas, permítanme aplicar algunas curas divinas a los que son débiles y están enfermos en esta área.

En primer lugar, pueden sacar provecho de la lectura de la Palabra, aunque se queden cortos con respecto a los demás. La tierra que produjo treinta veces más era buena (Mt. 8:8). No digan que no han obtenido ningún beneficio porque no eres igual a otros santos maduros. Había muchos que fueron contados entre los hombres fuertes de David que no alcanzaron el honor de los tres primeros (2 Sam. 23:19).

En segundo lugar, ustedes pueden beneficiarse de la lectura de la Palabra, aunque no sean aprendices veloces. Algunos se descalifican a sí mismos porque son de lento aprendizaje. Cuando nuestro bendito Salvador predijo Sus sufrimientos, los propios apóstoles no lo entendieron, y se les ocultó (Lc. 9:45). El autor a los Hebreos habla de algunos que eran torpes de oído. Pero los que tienen un intelecto más débil pueden tener afectos más fuertes (Heb. 5:11).

En tercer lugar, pueden beneficiarse de la lectura de las Escrituras, aunque tengan dificultades para recordar lo que leen. Muchos se quejan de que hay una fuga en su memoria. Cristiano, ¿estás afligido porque no puedes recordar muy bien? Entonces déjame consolarte. No es necesario tener una buena memoria para tener un buen corazón. Además, aunque no puedas recordar todo lo que lees, puedes recordar aquellas cosas que más necesitas. En un banquete, no comemos de todos los platos, sino que tomamos lo que nos alimenta. A la memoria de un buen cristiano le sucede lo mismo que a una lámpara; aunque la lámpara no esté llena de aceite, tiene suficiente para hacerla arder. Tu memoria puede no estar llena de las Escrituras, pero puedes retener lo suficiente para crecer en conocimiento y gracia.

Consuélate, pues lo que lees en la Escritura te beneficia. Por último, toma nota de ese versículo alentador: «Pero el Consolador, el Espíritu Santo, a quien el Padre enviará en Mi nombre, Él os enseñará todas las cosas, y os recordará todo lo que os he dicho» (Jn. 14:26).

Amén.

1 | P. ¿Cuál es el significado de la inspiración de las Escrituras?

R. La influencia sobrenatural del Espíritu de Dios en las mentes de los escritores, por la cual fueron capaces de comunicar la voluntad divina.

2 | P. ¿Puede un libro ser útil y verdadero, pero, al mismo tiempo, no inspirado?

R. Sí. Un libro que concuerda completamente con la Escritura, pero que no está incluido en el canon de la Escritura es útil y verdadero, pero no está inspirado.

3 | P. ¿Qué se quiere decir cuando se habla de que los escritores de las Escrituras han sido inspirados?

R. Se quiere decir que fueron especialmente guiados e instruidos por Dios, en lo que hablaron o escribieron.

4 | P. ¿Se quiere decir que siempre, o en todo momento, estuvieron bajo esta influencia especial de Dios?

R. No, no lo estaban. Sólo cuando comunicaban la voluntad de Dios por la influencia sobrenatural del Espíritu de Dios.

5 | P. En algunos casos, las palabras de hombres malvados y de Satanás se encuentran en la Biblia; ¿fueron inspiradas?

R. No; sólo que hombres santos las registraron bajo la dirección e influencia del

Espíritu.

6 | P. ¿Cuáles son las pruebas o evidencias por las que sabemos que las Escrituras fueron inspiradas?

R. La naturaleza de las verdades comunicadas es tal que deben haber procedido de Dios.

7 | P. ¿Afirmaron los escritores de las Escrituras ser inspirados?

R. Sí, lo hicieron. 2 Samuel 23:2; Jeremías 1:4; Ezequiel 1:3; 2 Corintios 2:13; Gálatas 1:10.

8 | P. ¿Cuál es el testimonio de Pablo sobre este tema?

R. Declara que «Toda Escritura es inspirada por Dios». (2 Ti. 3:16)

9 | P. ¿Es la notable preservación de las Escrituras, durante tanto tiempo, y en medio de tantos esfuerzos por destruirlas, una evidencia de que son de Dios?

R. Sí, lo es.[3]

10 | P. ¿Podemos explicar la condición celestial de las Escrituras, y la pureza de sus

---

3 Es un hecho notable que, si el Nuevo Testamento hubiera sido desterrado tempranamente de la tierra, casi la totalidad de su contenido (todos menos 7 u 11 versículos, a lo sumo) podría haber sido recogido de los escritos controversiales de los primeros cinco siglos.

doctrinas, además de la inspiración divina?

R. No, no podemos.

11 | P. Los escritores de la Biblia vivieron en diferentes siglos y lugares; y sin embargo hay una perfecta concordancia entre todos ellos en lo que han escrito. ¿Es esto también una prueba de inspiración?

R. Sí, lo es.

12 | P. ¿Los benditos efectos de la Biblia sobre el carácter individual y nacional prueban que viene del cielo?

R. Sí, así es.

13 | P. ¿Es la convicción interna del creyente del origen celestial de la Biblia una prueba de su inspiración?

R. Sí, lo es.

14 | P. ¿Tenemos pruebas concluyentes de que los libros de la Biblia se han conservado libres de errores o alteraciones?

R. Sí, la tenemos.

15 | P. ¿Fueron los judíos extremadamente cuidadosos en sus esfuerzos por preservar los manuscritos del Antiguo Testamento en su integridad original?

R. Sí, lo fueron.

16 | P. ¿Ejercieron el máximo cuidado al transcribirlos?

R. Lo hicieron, comparando las transcripciones con el original, e incluso enumerando las palabras y las letras.

17 | P. ¿Cuál es el testimonio de Josefo sobre este punto?

R. Afirma que había tal veneración de los judíos por las Sagradas Escrituras, que nadie, hasta su época, se atrevió a añadir o quitar nada de ellas, ni siquiera a hacer la menor alteración.[4]

18 | P. Ustedes saben que Cristo, y los profetas posteriores antes que él, presentaron muchos cargos graves contra los judíos, pero ¿les acusaron alguna vez de mutilar las Escrituras?

R. No, no lo hicieron.

19 | P. Si hubieran sido culpables de ello, ¿habría pasado sin reproche un pecado tan grande?

R. No, no habrían podido.

20 | P. ¿Están de acuerdo las diferentes versiones y manuscritos del Antiguo Testamento que existen actualmente, en todos los detalles esenciales?

R. Sí, lo están.

21 | P. ¿Qué evidencia hay de que tenemos el Nuevo Testamento como fue escrito al principio, libre de corrupción?

---

4 (Ver Josefo contra Apión, b. 1, 8.)

R. Las numerosas copias en la lengua original, y de las versiones o traducciones, y sus frecuentes lecturas privadas y públicas, hacen imposible que se haya hecho alguna alteración significativa.

22 | P. ¿Han tenido los cristianos, desde el principio, una reverencia por las Escrituras, y un sentido de la culpabilidad de añadir o quitar algo de ellas?

R. Sí, así es.

23 | P. ¿Existe un acuerdo general entre todos los manuscritos y versiones existentes del Nuevo Testamento?

R. Sí, lo hay. Tan estrecha es esta concordancia, que el peor manuscrito que existe no tergiversa ningún artículo de la fe, ni destruye ningún precepto moral.

24 | P. ¿Debemos estar muy agradecidos por poseer la Palabra de Dios en su pureza original?

R. Sí. Debemos dar gracias de corazón al Señor por conservar su Palabra para nuestro bien.

25 | P. ¿Es la Biblia la única revelación perfecta de la voluntad de Dios que poseerá el mundo?

R. Sí, lo es. «Si alguno os anuncia un evangelio contrario al que recibisteis, sea anatema» (Gál. 1:8-9; 2 Tes. 2:2).

26 | P. ¿Contienen las Escrituras todas las verdades necesarias para nuestra salvación?

R. Sí, las contienen. Son capaces de hacernos sabios para la salvación, mediante la fe que es en Cristo Jesús (2 Ti. 3:15-17; 2 Pe. 1:4).

27 | P. ¿Qué ha dicho Dios que le hará a quien añada algo a Su Palabra?

R. Si alguno añade a estas cosas, Dios le añadirá las plagas que están escritas en este libro. (Ap. 22:18; Dt. 4:2; Pr. 30:6)

28 | P. ¿Qué hará Dios al que quite algo de las Escrituras?

R. Quitará su parte del libro de la vida (Ap. 22:9).

29 | P. ¿A qué norma debemos referir todas nuestras opiniones y acciones?

R. A las Sagradas Escrituras; y si no hablan según esta Palabra, es porque no hay luz en ellas (Is. 8:20; Jer. 23:28).

30 | P. ¿Debemos enseñar o practicar, como deber cristiano, algo que no esté establecido en la Palabra de Dios?

R. No, no debemos. «Mas en vano me rinden culto, enseñando como doctrinas, preceptos de hombres» (Mt. 15:9; Col. 2:8; Tito 1:13-14).

31 | P. ¿Debemos estimar las Escrituras como de máximo valor para nosotros?

R. Sí, debemos hacerlo. «Deseables más que el oro; sí, más que mucho oro fino» (Sal. 19:10).

32 | P. ¿Para qué son útiles las Escrituras?

R. «Útil para enseñar, para reprender, para corregir, para instruir en justicia» (2 Ti. 3:16).

33 | P. ¿Cómo debemos recibir la palabra de Dios?

R. «Debemos prestar mucha mayor atención a lo que hemos oído, no sea que nos desviemos» (Heb. 2:1; Lc 8:18).

34 | P. ¿Por qué fueron especialmente elogiados los de Berea?

R. Por escudriñar las Escrituras, pues «recibieron la palabra con toda solicitud, escudriñando diariamente las Escrituras, para ver si estas cosas eran así» (Hch. 17:11; 2 Tes. 2:10-11; 1 Pe. 2:1-2).

35 | P. ¿Serán condenados los impíos por la Palabra, en el último gran día, por no practicar lo que ella manda?

R. Sí, serán condenados. El que rechaza a Cristo y no recibe Sus palabras, tiene quien lo juzgue: «La palabra que he hablado, esa lo juzgará en el día final» (Jn. 12:48).

36 | P. Si las Escrituras son de excelencia y valor superlativos, ¿debemos esforzarnos por entregarlas a toda la humanidad, sin demora?

R. Sí, debemos hacerlo lo antes posible.

37 | P. ¿Crees de corazón, y te esfuerzas por vivir de acuerdo con todas las verdades reveladas en la Palabra de Dios?

APÉNDICE B: LA NORMA INFALIBLE

ADAPTADO DE LA CFBL DE 1689[5]

CAPÍTULO 1

Párrafo 1

1. Las Sagradas Escrituras son la única norma suficiente, cierta e infalible de todo conocimiento, la fe y la obediencia salvadoras.

2. La luz de la naturaleza y las obras de la creación y la providencia demuestran tan claramente la bondad, la sabiduría y el poder de Dios, que los hombres no tienen excusa; sin embargo, estas demostraciones no son suficientes para dar el conocimiento de Dios y su voluntad que es necesario para la salvación.

3. Por eso, el Señor se complació en diferentes momentos y de diversas maneras en revelarse a sí mismo y declarar su voluntad a su iglesia.

4. Para conservar y propagar mejor la verdad y establecer y confortar a la iglesia con mayor seguridad contra la corrupción de la carne y la malicia de Satanás y del mundo, el Señor puso esta revelación completamente por escrito.

5. Por lo tanto, las Sagradas Escrituras son absolutamente necesarias, porque las formas anteriores de Dios de revelar Su voluntad a Su pueblo han cesado.

---

5 Confesión de fe bautista de Londres de 1689.

Párrafo 2

1. Las Sagradas Escrituras, o la Palabra de Dios escrita, consisten en todos los libros del Antiguo y del Nuevo Testamento.

2. Estos son: EL ANTIGUO TESTAMENTO: Génesis, Éxodo, Levítico, Números, Deuteronomio, Josué, Jueces, Rut, 1 Samuel, 2 Samuel, 1 Reyes, 2 Reyes, 1 Crónicas, 2 Crónicas, Esdras, Nehemías, Ester, Job, Salmos, Proverbios, Eclesiastés, Cantar de los Cantares, Isaías, Jeremías, Lamentaciones, Ezequiel, Daniel, Oseas, Joel, Amós, Abdías, Jonás, Miqueas, Nahum, Habacuc, Sofonías, Hageo, Zacarías, Malaquías. EL NUEVO TESTAMENTO: Mateo, Marcos, Lucas, Juan, Hechos, Romanos, 1 Corintios, 2 Corintios, Gálatas, Efesios, Filipenses, Colosenses, 1 Tesalonicenses, 2 Tesalonicenses, 1 Timoteo, 2 Timoteo, Tito, Filemón, Hebreos, Santiago, 1 Pedro, 2 Pedro, 1 Juan, 2 Juan, 3 Juan, Judas, Apocalipsis.

3. Todos estos son dados por la inspiración de Dios para ser la norma de fe y vida.

Párrafo 3

1. Los libros comúnmente llamados apócrifos no fueron dados por inspiración divina y por ello no forman parte del canon o norma de las Escrituras.

2. Por lo tanto, no tienen ninguna autoridad para la iglesia de Dios y no deben ser reconocidos o utilizados de manera diferente a otros escritos humanos.

Párrafo 4

1. La autoridad de las Sagradas Escrituras obliga a creer en ellas.
2. Esta autoridad no depende del testimonio de ninguna persona o iglesia, sino de Dios el único autor, que es la verdad misma.
3. Por lo tanto, las Escrituras deben ser recibidas porque son la Palabra de Dios.

Párrafo 5

1. El testimonio de la Iglesia de Dios puede estimularnos y persuadirnos a adoptar un alto y reverente respeto por las Sagradas Escrituras.
2. Además, la naturaleza celestial del contenido, la fuerza del sistema de la verdad, la majestuosidad del estilo, la armonía de todas las partes, el enfoque central de dar toda la revelación completa del único camino de salvación, y muchas otras cualidades incomparables y perfecciones completas, todo ello proporciona abundante evidencia de que las Escrituras son la Palabra de Dios.
1. Sin embargo, nuestra plena persuasión y seguridad de la verdad infalible y de la autoridad divina de las Escrituras proviene de la obra interna del Espíritu Santo que da testimonio por y con la Palabra en nuestros corazones.

Párrafo 6

1. Todo el consejo de Dios sobre todo lo que es esencial para Su propia gloria y la salvación, la fe y la vida del hombre, está explícitamente declarado o por inferencia necesaria contenidas en las Sagradas Escrituras.
2. Nunca se añadirá nada a las Escrituras, ni por nueva revelación del Espíritu o por tradiciones humanas.

3. Sin embargo, reconocemos que la iluminación interior del Espíritu de Dios es necesaria para una comprensión salvadora de lo que se revela en la Palabra.
4. Reconocemos que algunas circunstancias relativas al culto a Dios y al gobierno de la iglesia son comunes a las acciones y organizaciones humanas y deben ser ordenadas por la luz de la naturaleza y la sabiduría cristiana, siguiendo las reglas generales de la Palabra, que deben ser siempre observadas.

Párrafo 7

1. Algunas cosas en la Escritura son más claras que otras, y algunas personas entienden las enseñanzas más claramente que otras.
2. Sin embargo, las cosas que deben ser conocidas, creídas y obedecidas para la salvación están tan claramente expuestas y explicadas en una u otra parte de la Escritura que tanto los educados como los que no lo son pueden lograr una comprensión suficiente de ellas utilizando adecuadamente los medios ordinarios.

Párrafo 8

1. El Antiguo Testamento fue escrito en hebreo, la lengua materna del antiguo pueblo de Dios.
2. El Nuevo Testamento fue escrito en griego, que en la época en que fue escrito era el más conocido por las naciones.
3. Estos Testamentos fueron inspirados directamente por Dios y por su cuidado y providencia se mantuvieron puros a lo largo de los tiempos.
4. Por lo tanto, son verdaderos y autorizados, de modo que en todas las controversias religiosas la Iglesia debe apelar a ellos en última instancia.

5. Todo el pueblo de Dios tiene derecho y reclamo sobre las Escrituras y se le ordena en el temor de Dios a leerlas y escudriñarlas.
6. No todo el pueblo de Dios conoce los idiomas originales, por lo que las Escrituras deben ser traducidas a la lengua común de cada nación a la que llegan.
7. De este modo, la Palabra de Dios puede habitar en abundancia en todos, para que puedan adorarle de manera aceptable y, mediante la paciencia y el consuelo de las Escrituras tengan esperanza.

Párrafo 9

1. La regla infalible para interpretar la Escritura es la propia Escritura.

2. Por lo tanto, cuando se cuestiona el verdadero y pleno sentido de cualquier parte de la Escritura (y cada pasaje tiene un solo significado, no muchos), debe entenderse a la luz de otros pasajes que hablan más claramente.

Párrafo 10

1. El juez supremo para decidir todas las controversias religiosas y para evaluar todos los decretos de los concilios, las opiniones de los escritores antiguos, las enseñanzas humanas y las interpretaciones individuales, y en cuyo juicio hemos de descansar, no es, sino la Sagrada Escritura entregada por el Espíritu.
2. En esta Escritura nuestra fe encuentra su última palabra.

CAPÍTULO 14

Párrafo 1

1. La gracia de la fe, por la que los elegidos son capaces de creer para que sus almas se salven, es obra del Espíritu de Cristo en sus corazones.
2. La fe es producida ordinariamente por el ministerio de la Palabra.
3. Por este mismo ministerio y por la administración del bautismo y la cena del Señor, la oración y otros medios designados por Dios, la fe se acrecienta y fortalece.

Párrafo 2

1. Por esta fe, los cristianos creen que es verdadero todo lo revelado en la Palabra reconociéndolo como la autoridad de Dios mismo.
2. También perciben que la Palabra es más excelente que cualquier otro escrito y todo lo demás en el mundo, porque muestra la gloria de Dios en sus atributos, la excelencia de Cristo en su naturaleza y oficios, y el poder y la plenitud del Espíritu Santo en sus actividades y operaciones. Así se les permite confiar sus almas a la verdad creída.
3. Responden de manera diferente según el contenido de cada pasaje: obedeciendo los mandatos, temblando ante las amenazas y abrazando las promesas de Dios para esta vida y la venidera.
4. Pero los principales actos de fe salvadora se centran directamente en Cristo: aceptar, recibir y apoyarse sólo en él para la justificación, la santificación y la vida eterna, en virtud de la alianza de la gracia.

CAPÍTULO 26

Párrafo 5

1. En el ejercicio de la autoridad que le ha sido confiada, el Señor Jesús, mediante el ministerio de su Palabra, por medio de Su Espíritu, llama a sí mismo fuera del mundo a los que le son dados por Su Padre.
2. Son llamados para que vivan ante Él en todos los caminos de la obediencia que Él prescribe para ellos en Su Palabra.
3. A los que son llamados les manda vivir juntos en comunidades locales, o iglesias, para su mutua edificación y la adecuada realización del culto público que Él exige de ellos mientras están en el mundo.

Párrafo 10

1. La obra de los pastores consiste en prestar constante atención al servicio de Cristo en sus iglesias en el ministerio de la Palabra y la oración.
2. Deben velar por las almas de los miembros de la iglesia como aquellos que deben dar cuenta a Cristo.

Made in the USA
Middletown, DE
17 July 2023

35365743R00026